мактаб - σχολείο 2
саёҳат - ταξίδι 5
транспорт - μεταφορά 8
шаҳар - πόλη 10
манзара - τοπίο 14
ресторан - εστιατόριο 17
супермаркет - σούπερ μάρκετ 20
ичимликлар - ποτά 22
таом - φαγητό 23
чорвачилик хўжалиги - αγρόκτημα 27
уй - σπίτι 31
меҳмонхона - σαλόνι 33
ошхона - κουζίνα 35
ваннахона - μπάνιο 38
болалар хонаси - παιδικό δωμάτιο 42
кийим - ρούχα 44
идора - γραφείο 49
иқтисод - οικονομία 51
касблар - επαγγέλματα 53
асбоблар - εργαλεία 56
мусиқа асбоблари - μουσικά όργανα 57
ҳайвонот боғи - ζωολογικός κήπος 59
спорт ўйинлари - αθλήματα 62
машғулот - δραστηριότητες 63
оила - οικογένεια 67
тана - σώμα 68
шифохона - νοσοκομείο 72
тез ёрдам - έκτακτη ανάγκη 76
Ер - Γη 77
соат - ρολόι 79
ҳафта - εβδομάδα 80
йил - έτος 81
шакллар - σχήματα 83
ранглар - χρώματα 84
қарама-қарши маъноли сўзлар - αντίθετα 85
рақамлар - αριθμοί 88
тиллар - γλώσσες 90
ким / нима / қандай - ποιος / τι / πως 91
қаерда - που 92

AF194649

Impressum
Verlag: BABADADA GmbH, Nedderfeld 112 , 22529 Hamburg
Geschäftsführer / Verlagsleitung: Harald Hof
Druck: Books on Demand GmbH, In de Tarpen 42, 22848 Norderstedt

Imprint
Publisher: BABADADA GmbH, Nedderfeld 112 , 22529 Hamburg, Germany
Managing Director / Publishing direction: Harald Hof
Print: Books on Demand GmbH, In de Tarpen 42, 22848 Norderstedt

мактаб

σχολείο

синф
σχολική τάξη
бўлмоқ
διαιρώ
186/2
доска
πίνακας
σχολική αυλή
ўқитувчи
δάσκαλος
қоғоз
χαρτί
ёзмоқ
γράφω
ручка
στυλό
иш столи
γραφείο
линейка
χάρακας
китоб
βιβλίο
ўқувчи
μαθητής

осма сумка

σχολική τσάντα

қаламдон

κασετίνα/ μολυβοθήκη

қалам

μολύβι

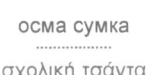

қалам учлагич

ξύστρα

ўчиргич

γόμα

расм албоми

μπλοκ ζωγραφικής

чизмачилик

ζωγραφική

бўёқ чўтка

πινέλο

бўёқдон

κουτί χρωμάτων

қайчи

ψαλίδι

елим

κόλλα

машғулот дафтари

τετράδιο ασκήσεων

уй иши

εργασία για το σπίτι

рақам

αριθμός

қўшмоқ

προσθέτω

айирмоқ

αφαιρώ

кўпайтирмоқ

πολλαπλασιάζω

ҳисобламоқ

υπολογίζω

хат

γράμμα

алифбо

αλφάβητο

сўз

λέξη

матн
κείμενο

ўқимоқ
διαβάζω

бўр
κιμωλία

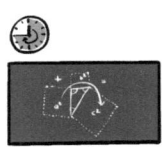

дарс
μάθημα

журнал
εγγράφομαι

имтиҳон
τεστ

гувоҳнома
πιστοποιητικό

мактаб формаси
μαθητική στολή

таълим
εκπαίδευση

қомус
εγκυκλοπαίδεια

олийгоҳ
πανεπιστήμιο

микроскоп
μικροσκόπιο

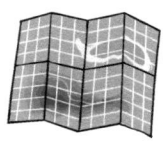

харита
χάρτης

урна
καλάθι αχρήστων

саёҳат

ταξίδι

мехмонхона
ξενοδοχείο
сайёҳлар ётоқхонаси
ξενώνας
пул айирбошлаш шаҳобчаси
ανταλλακτήρια συναλλάγματος
чемодан
βαλίτσα
машина
αυτοκίνητο

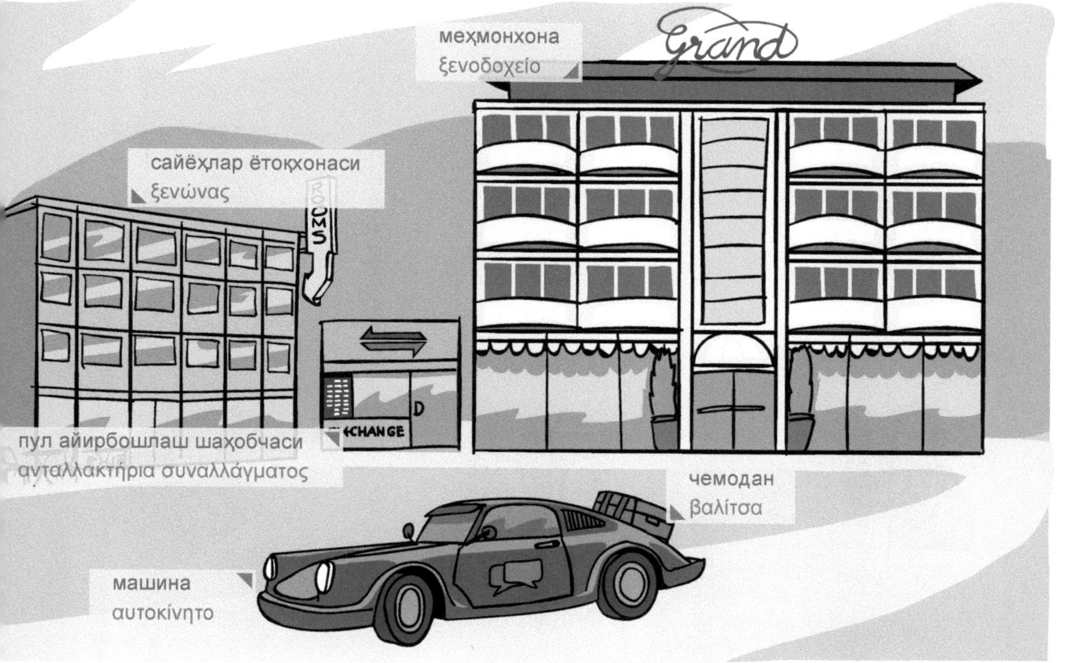

тил

γλώσσα

ҳа / йўқ

ναι / όχι

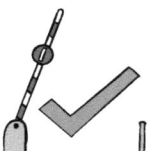

Хўп

εντάξει

салом

γεια σου

таржимон

μεταφραστής

Раҳмат

Ευχαριστώ

неча пул...?

πόσο κάνει ;

Тушунмадим

Δε καταλαβαίνω

муаммо

πρόβλημα

Хайрли кеч!

Καλησπέρα!

Хайрли тонг!

Καλημέρα!

Хайрли тун!

Καληνύχτα!

кўришгунча

Αντίο

йўналиш

κατεύθυνση

йўловчи юки

αποσκευές

сафархалта

τσάντα

юк халта

σακίδιο πλάτης

меҳмон

καλεσμένος

хона

δωμάτιο

уйқуқоп

υπνόσακος

чодир

σκηνή

саёҳларга маълумот
бериш столи

τουριστικές πληροφορίες

пляж

παραλία

омонат карта

πιστωτική κάρτα

нонушта

πρωινό

нонушта

μεσημεριανό

кечки овқат

δείπνο

чипта

εισιτήριο

лифт

ανελκυστήρας

марка

γραμματόσημο

чегара

σύνορα

божхона

τελωνείο

элчихона

πρεσβεία

виза

βίζα

паспорт

διαβατήριο

транспорт

μεταφορά

самолет
αεροπλάνο
кема
πλοίο
ўт ўчирувчи машина
πυροσβεστικό όχημα
автобус
λεωφορείο
юк автомобили
φορτηγό
оторли қайиқ
ιχανοκίνητο σκάφος
велосипед
ποδήλατο
машина
αυτοκίνητο

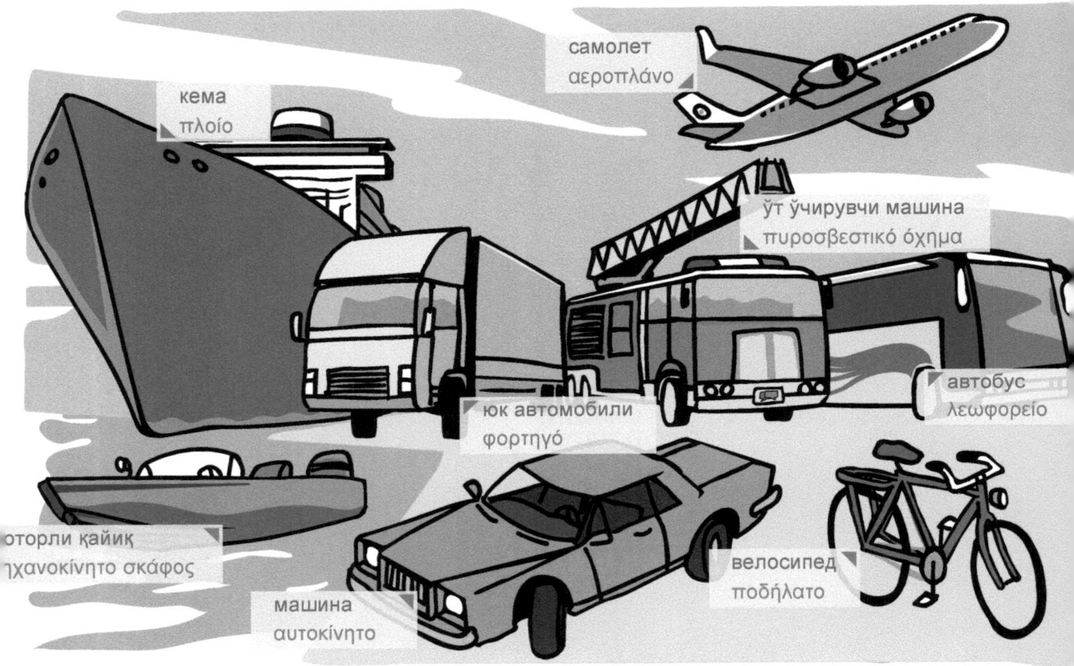

солсимон ясси кема

φεριμπότ

қайиқ

βάρκα

мотоцикл

μοτοσικλέτα

посбон машинаси

περιπολικό

пойга машинаси

αγωνιστικό αυτοκίνητο

ижарага олинган автоулов

ενοικιαζόμενο αυτοκίνητο

автоижара
διαμοιρασμός αυτοκινήτων

шатакка олувчи юк автомобили
γερανός

ахлат машинаси
απορριμματοφόρο

мотор
κινητήρας

ёқилғи
καύσιμο

ёқилғи қуйиш шаҳобчаси
βενζινάδικο

йўл белгиси
πινακίδα σήμανσης

йўл ҳаракати
κυκλοφορία

тирбанд
κυκλοφοριακή συμφόρηση

автомобил тўхтаб туриш жойи
χώρος στάθμευσης

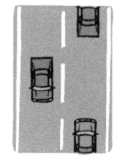

поезд бекати
σιδηροδρομικός σταθμός

рельс
σιδηροδρομικές γραμμές

поезд
τρένο

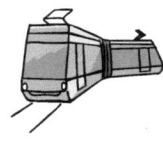

трамвай
τραμ

вагон
βαγόνι

вертолёт

ελικόπτερο

аэропорт

αεροδρόμιο

минора

πύργος

йўловчи

επιβάτης

контейнер

εμπορευματοκιβώτιο

қоғоз қути

χαρτοκιβώτιο

аравача

καρότσι

сават

καλάθι

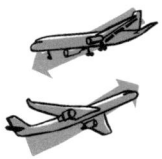

учмоқ / қўнмоқ

απογειώνομαι /
προσγειόνομαι

шаҳар

πόλη

қишлоқ

χωριό

шаҳар маркази

κέντρο της πόλης

уй

σπίτι

кинотеатр
σινεμά

реклама
διαφήμιση

кўча чироғи
λάμπα δρόμου

кўча
οδός

такси ҳайдовчи
ταξί

тамаддихона
ψιλικατζίδικο

пиёда
πεζός

йўлка
πεζοδρόμιο

пиёдалар ўтиш жойи
διάβαση πεζών

урна
κάδος απορριμμάτων

чорраҳа
διασταύρωση

йўлчироқ
φανάρια

кулба
καλύβα

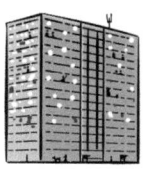

квартира
διαμέρισμα

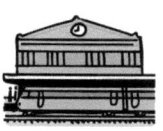

поезд бекати
σιδηροδρομικός σταθμός

маҳаллий ҳокимият биноси
δημαρχείο

музей
μουσείο

мактаб
σχολείο

шаҳар - πόλη

олийгоҳ

πανεπιστήμιο

банк

τράπεζα

шифохона

νοσοκομείο

меҳмонхона

ξενοδοχείο

дорихона

φαρμακείο

идора

γραφείο

китоб дўкони

βιβλιοπωλείο

дўкон

κατάστημα

гул дўкони

ανθοπωλείο

супермаркет

σούπερ μάρκετ

бозор

αγορά

универмаг

πολυκατάστημα

балиқ дўкони

ιχθυοπωλείο

савдо маркази

εμπορικό κέντρο

бандаргоҳ

λιμάνι

истироҳат боғи
πάρκο

банк
παγκάκι

кўприк
γέφυρα

зинапоя
σκάλες

метро
μετρό

ер ости йўли
τούνελ

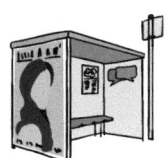

автобус бекати
στάση λεωφορείου

бар
μπαρ

ресторан
εστιατόριο

почта қутиси
γραμματοκιβώτιο

кўча ёзув осма тахтаси
πινακίδα δρόμου

тўхтаб туриш вақтини
ҳисоблагич
παρκόμετρο

ҳайвонот боғи
ζωολογικός κήπος

бассейн
πισίνα

масжид
τζαμί

чорвачилик хўжалиги
αγρόκτημα

атроф-муҳит ифлосланиши
ρύπανση

қабристон
νεκροταφείο

ибодатхона
εκκλησία

болалар ўйингоҳи
παιδική χαρά

эҳром
ναός

манзара

τοπίο

япроқ
φύλλο

йўлкўрсатгич
πινακίδα κατεύθυνσης

йўл
δρόμος

ўтлоқ
λιβάδι

тош
πέτρα

дарахт
δέντρο

пиёда сайёҳ
πεζοπόρος

дарё
ποτάμι

майса
χορτάρι

гул
λουλούδι

водий

κοιλάδα

қир

λόφος

кўл

λίμνη

ўрмон

δάσος

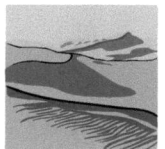

чўл

έρημος

вулкан

ηφαίστειο

қалъа

κάστρο

камалак

ουράνιο τόξο

қўзиқорин

μανιτάρι

пальма дарахти

φοίνικας

пашша

κουνούπι

чивин

μύγα

чумоли

μυρμήγκι

асалари

μέλισσα

ўргимчак

αράχνη

қўнғиз

σκαθάρι

қурбақа

βάτραχος

олмахон

σκίουρος

типратикон

σκαντζόχοιρος

қуён

λαγός

укки

κουκουβάγια

қуш

πουλί

оққуш

κύκνος

эркак чўчқа

αγριογούρουνο

буғу

ελάφι

бутоқ шохли кийик

άλκη

тўғон

φράγμα

шамол генератори

ανεμογεννήτρια

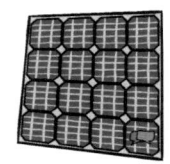

қуёш батареяси

ηλιακός συλλέκτης

иқлим

κλίμα

ресторан
εστιατόριο

официант
σερβιτόρος
таомнома
κατάλογος
стул
καρέκλα
шўрва
σούπα
пицца
πίτσα
ошхона анжомлари
μαχαιροπίρουνα
дастурхон
τραπεζομάντιλο

газак

ορεκτικό

асосий таом

κύριο πιάτο

десерт

επιδόρπιο

ичимликлар

ποτά

таом

φαγητό

бутилка

μπουκάλι

тез пишар таом

φαστ φουντ

кўча таоми

φαγητό στ' όρθιο

чойнак

τσαγιέρα

шакардон

δοχείο ζάχαρης

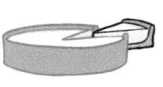

порция

μερίδα

эспрессо кофе машинаси

μηχανή εσπρέσο

болалар курсичаси

ψηλή καρέκλα

ҳисоб

λογαριασμός

лаган

δίσκος

пичоқ

μαχαίρι

санчқи

πιρούνι

қошиқ

κουτάλι

чой қошиқ

κουταλάκι του τσαγιού

қўл сочиқ

πετσέτα φαγητού

стакан

ποτήρι

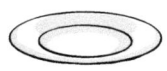

ликоп

πιάτο

шўрва коса

πιάτο σούπας

тақсимча

πιατάκι φλιτζανιού

қайла

σάλτσα

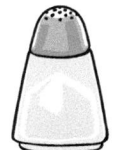

туздон

αλατιέρα

қалампир янчгич

μύλος για πιπέρι

сирка

ξύδι

ёғ

λάδι

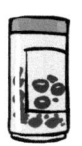

зираворлар

μπαχαρικά

кетчуп

κέτσαπ

хантал

μουστάρδα

майонез

μαγιονέζα

супермаркет

σούπερ μάρκετ

чегирма
προσφορά
мижоз
πελάτης
сут маҳсулотлари
γαλακτοκομικά προϊόντα
мева
φρούτα
харид араваси
καρότσι για ψώνια

қассобхона

κρεοπωλείο

нонвойхона

φούρνος

тарозида ўлчамоқ

ζυγίζω

сабзавот

λαχανικά

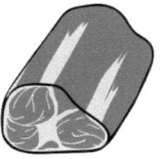

гўшт

κρέας

музлатилган таомлар

κατεψυγμένα τρόφιμα

яхна гўшт

αλλαντικά

консерва

κονσερβοποιημένη τροφή

кир ювиш воситаси

απορρυπαντικό ρούχων

ширинликлар

γλυκά

кундалик истеъмол моллар

οικιακά είδη

ювиш воситалари

καθαριστικά προϊόντα

сотувчи

πωλήτρια

касса аппарати

ταμείο

ғазначи

ταμίας

харид рўйхати

λίστα για ψώνια

иш вақти

ωράριο λειτουργίας

ҳамён

πορτοφόλι

омонат карта

πιστωτική κάρτα

халта

τσάντα

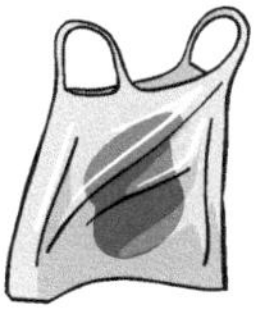

целлофан халта

πλαστική σακούλα

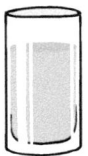

ичимликлар
ποτά

сув

νερό

шарбат

χυμός

сут

γάλα

кока-кола

κόκα κόλα

вино

κρασί

пиво

μπίρα

спиртли ичимлик

αλκοόλ

какао

κακάο

чой

τσάι

кофе

καφές

эспрессо

εσπρέσο

капучино

καπουτσίνο

банан

μπανάνα

олмахон

μήλο

апельсин

πορτοκάλι

қовун

πεπόνι

лимон

λεμόνι

сабзи

καρότο

саримсоқ

σκόρδο

бамбук

μπαμπού

пиёз

κρεμμύδι

қўзиқорин

μανιτάρι

ёнғоқ

ξηροί καρποί

лағмон

νουντλς

спагетти

μακαρόνια

гуруч

ρύζι

салат

σαλάτα

картошка-фри

πατατάκια

қовурилган картошка

τηγανητές πατάτες

пицца

πίτσα

гамбургер

χάμπουργκερ

сэндвич

σάντουιτς

тўқмоқланган тўш қиймаси

κοτολέτα

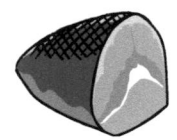

дудланган чўчқа гўшти

ζαμπόν

салями колбасаси

σαλάμι

сосиска

λουκάνικο

товуқ гўшти

κοτόπουλο

қовурилган

ψητό

балиқ

ψάρι

сули бўтқаси

χυλός βρώμης

мюсли

μούσλι

маккажўхори ёрмаси

κορν φλέικς

ун

αλεύρι

француз булочкаси

κρουασάν

булочка

ψωμάκι

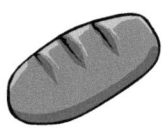

нон

ψωμί

қизартирилган нон бўлаги

τοστ

пишириқ

μπισκότα

сариёғ

βούτυρο

творог

τυρόπηγμα

пирог

κέικ

тухум

αυγό

қовурилган тухум

τηγανητό αυγό

пишлоқ

τυρί

музқаймоқ

παγωτό

шакар

ζάχαρη

асал

μέλι

мураббо

μαρμελάδα

шоколад пастаси

άλλειμμα σοκολάτας

зарчава

κάρυ

таом - φαγητό

чорвачилик хўжалиги

αγρόκτημα

деҳқон уйи
αγρόσπιτο
похол тугуни
δεμάτι άχυρου
пичанхона
αχυρώνας
дала
χωράφι
от
αλόγο
тиркама
ρυμουλκούμενο
трактор
τρακτέρ
қулун
πουλάρι
эшак
γάιδαρος
қўй
πρόβατο
қўзи
αρνί

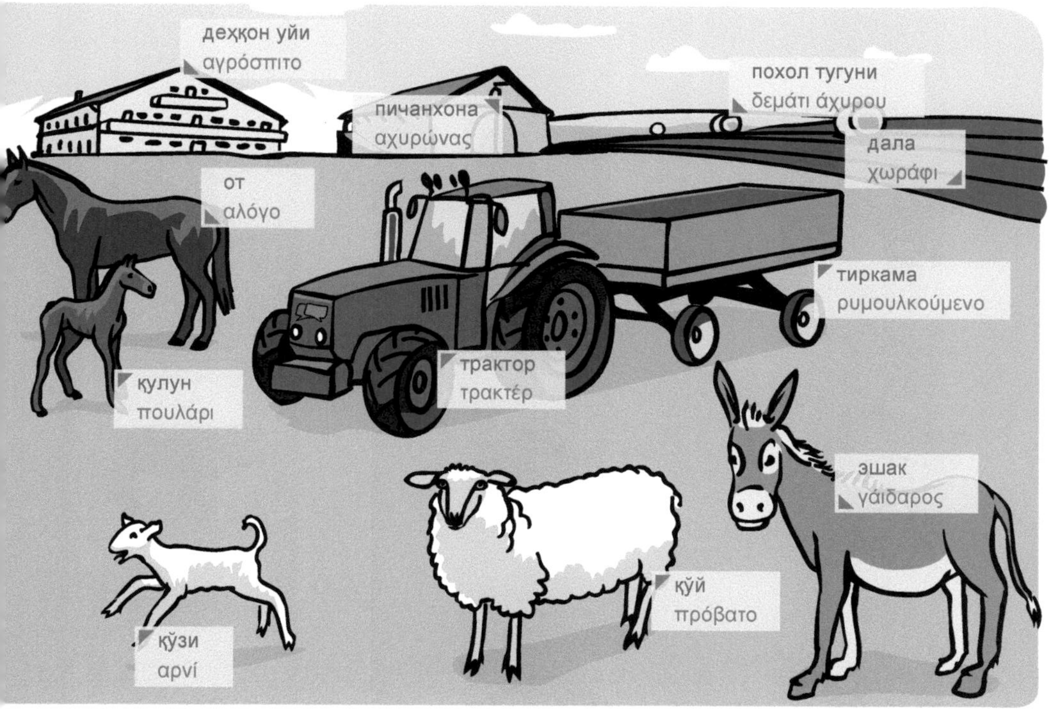

эчки

κατσίκα

сигир

αγελάδα

бузоқ

μοσχαράκι

чўчқа

γουρούνι

чўчқа боласи

γουρουνάκι

буқа

ταύρος

ғоз

χήνα

ўрдак

πάπια

жўжа

κοτοπουλάκι

товуқ

κότα

хўроз

κόκορας

каламуш

αρουραίος

мушук

γάτα

сичқон

ποντίκι

ҳўкиз

βόδι

ит

σκύλος

каталак

σπιτάκι σκύλου

ҳовли боғ шланги

λάστιχο κήπου

гулчелак

ποτιστήρι

белўроқ

θεριστήρι

темир омоч

αλέτρι

кўлўроқ

δρεπάνι

чопқи

τσάπα

паншаха

δίκρανο

болта

τσεκούρι

ғалтакарава

χειράμαξα

охур

ταΐστρα

сут бидони

δοχείο γάλακτος

тўрва

σάκος

панжара

φράχτης

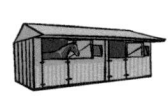

оғилхона

στάβλος

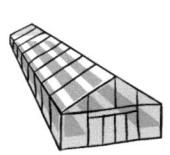

иссиқхона

θερμοκήπιο

тупроқ

έδαφος

уруғ

σπόρος

ўғит

λίπασμα

комбайн

θεριζοαλωνιστική μηχανή

ҳосил олмоқ

θερίζω

йиғим-терим

συγκομιδή

ямс

γιαμς

буғдой

σιτάρι

соя

σόγια

картошка

πατάτα

маккажўхори

καλαμπόκι

рапс уруғи

κράμβη

мевали дарахт

οπωροφόρο δέντρο

маниок

μανιόκα

ёрма

δημητριακά

уй

σπίτι

мўри
καμινάδα
том
στέγη
тарнов
υδρορροή
παράθυρο
гараж
γκαράζ
эшик қўнғироғи
κουδούνι
эшик
πόρτα
урна
σκουπιδοτενεκές
хатлар учун қути
γραμματοκιβώτιο
боғ
κήπος

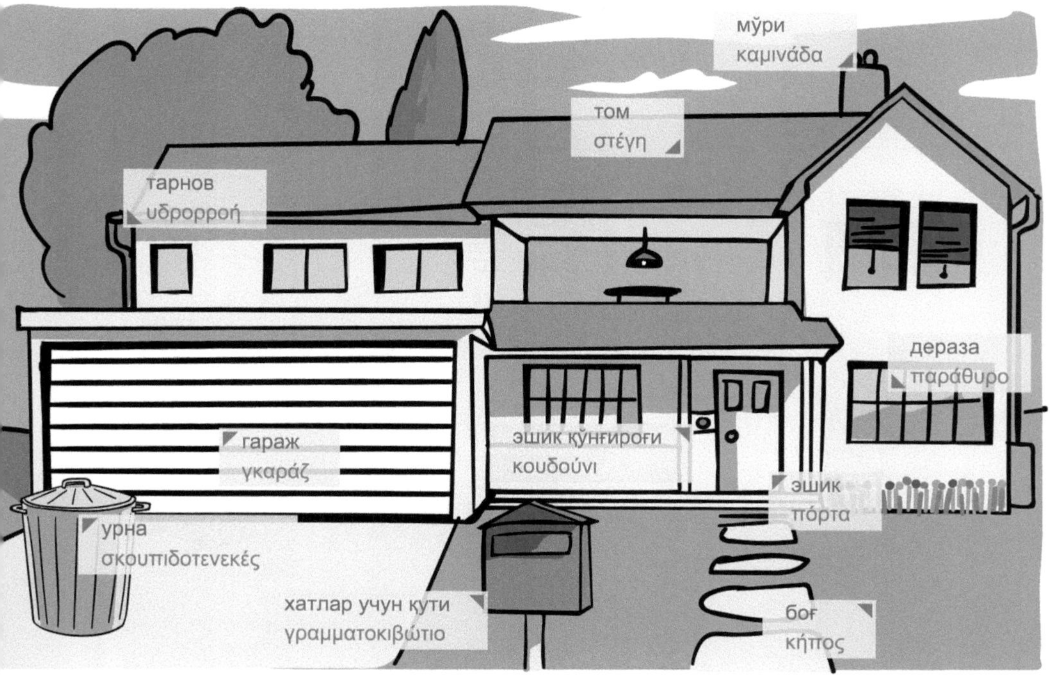

мехмонхона

σαλόνι

ваннахона

μπάνιο

ошхона

κουζίνα

ётоқхона

υπνοδωμάτιο

болалар хонаси

παιδικό δωμάτιο

ошхона

τραπεζαρία

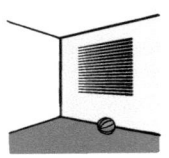

пол
....
πάτωμα

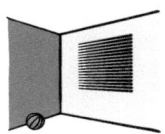

девор
....
τοίχος

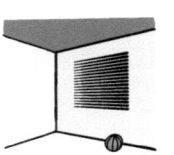

шип
....
οροφή

подвал
....
κελάρι

сауна
....
σάουνα

болохона айвони
....
μπαλκόνι

айвон
....
βεράντα

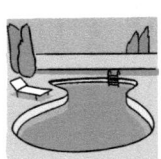

бассейн
....
πισίνα

ӯт ӯргич машина
....
μηχανή του γκαζόν

кӯрпажилд
....
σεντόνι

чойшаб
....
κάλυμμα κρεβατιού

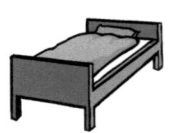

кроват
....
κρεβάτι

супурги
....
σκούπα

пақир
....
κουβάς

мурват
....
διακόπτης

меҳмонхона

σαλόνι

гулқоғоз
ταπετσαρία
сурат
φωτογραφία
чироқ
λάμπα
токча
ράφι
жавон
ντουλάπι
телевизор
τηλεόραση
ўчоқ
τζάκι
гул
λουλούδι
ёстиқ
μαξιλάρι
диван
καναπές
гулдон
βάζο
масофадан бошқариш пульти
τηλεκοντρόλ

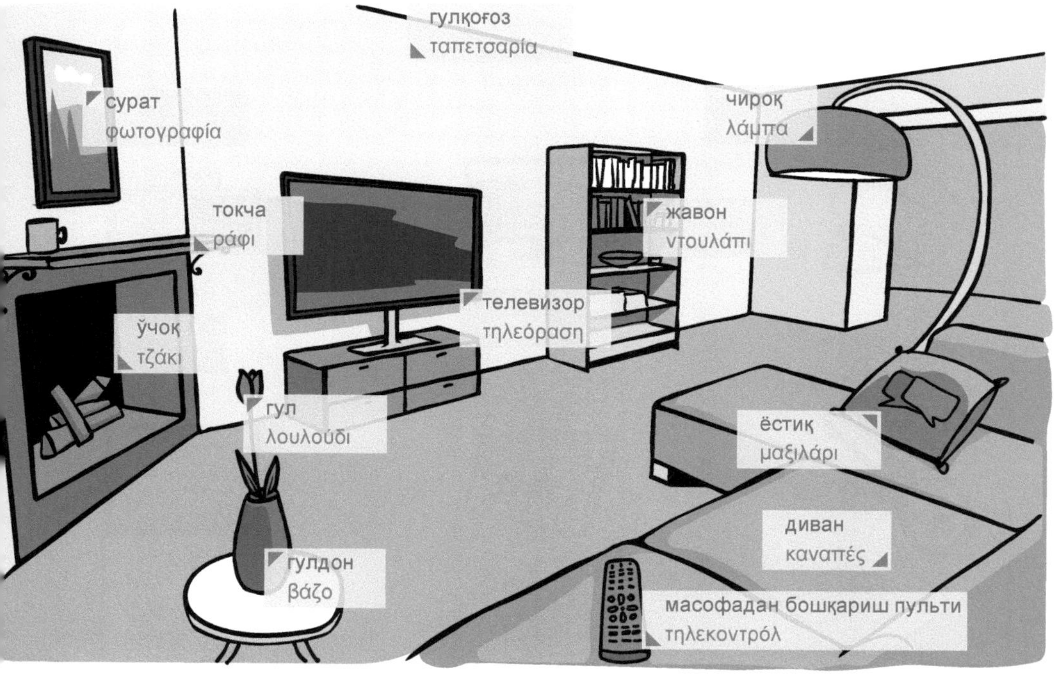

гилам

χαλί

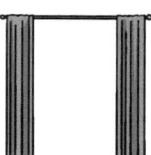

парда

κουρτίνα

стол

τραπέζι

стул

καρέκλα

тебранма курси

κουνιστή πολυθρόνα

кресло

πολυθρόνα

китоб

βιβλίο

кӯрпа

κουβέρτα

ҳашам

διακόσμηση

ӯтин

καυσόξυλα

кино

ταινία

стерео қурилма

στερεοφωνικό σύστημα

калит

κλειδί

рӯзнома

εφημερίδα

расм

πίνακας ζωγραφικής

плакат

αφίσα

радио

ραδιόφωνο

ён дафтар

σημειωματάριο

чанг ютгич

ηλεκτρική σκούπα

кактус

κάκτος

шам

κερί

ошхона
κουζίνα

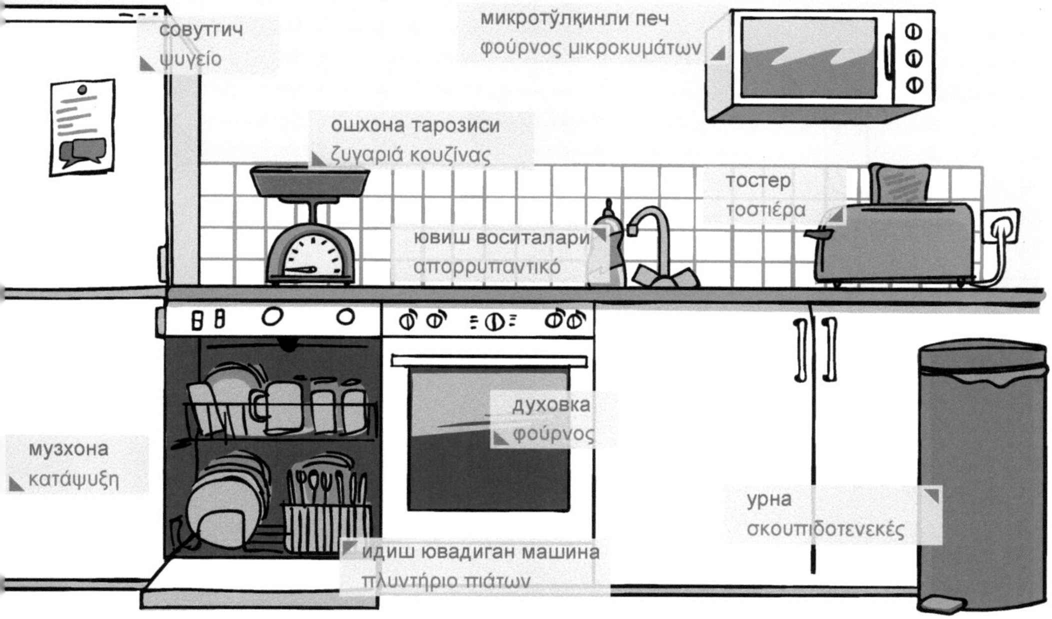
совутгич
ψυγείο
микротўлқинли печ
φούρνος μικροκυμάτων
ошхона тарозиси
ζυγαριά κουζίνας
тостер
τοστιέρα
ювиш воситалари
απορρυπαντικό
духовка
φούρνος
музхона
κατάψυξη
урна
σκουπιδοτενεκές
идиш ювадиган машина
πλυντήριο πιάτων

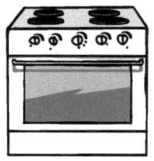

плита
κουζίνα

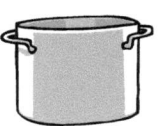

кастрюль
κατσαρόλα

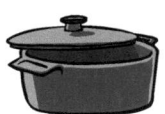

чўян қозон
μαντεμένια κατσαρόλα

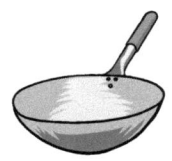

бўртма тубли това
γουόκ/καντάι

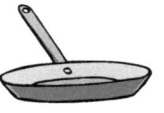

това
τηγάνι

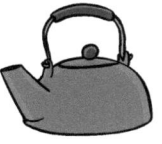

човгун
βραστήρας

мантиқасқон

ατμομάγειρας

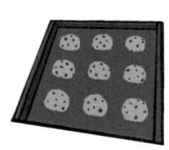

тунука това

ταψί

идиш

πιατικά

кружка

κούπα

коса

μπολ

таом ейиш таёқчалари

ξυλάκια

чўмич

κουτάλα

куракча

σπάτουλα

кўпиртиргич

ανακατεύω

элак

σουρωτήρι

элак

σουρωτηράκι

қирғич

τρίφτης

ҳовонча

γουδί

гриль

ψησταριά

олов

ανοιχτή φωτιά

оштахта

σανίδα κοπής

жува

πλάστης

пармасимон тиқин очгич

ανοιχτήρι φελλών

консерва

κονσέρβα

консерва очгич

ανοιχτήρι κονσέρβας

тутгич

γάντι φούρνου

унитаз

νεροχύτης

идиш чўтка

βούρτσα

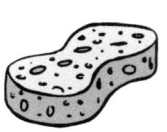

қозонсочиқ

σφουγγάρι

қориштиргич

μπλέντερ

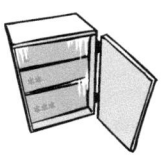

музлатгич

καταψύκτης

сўрғичли чақалоқ
бутилкаси

μπιμπερό

кран

βρύση

ваннахона

μπάνιο

θέρμανση
сочиқ
πετσέτα
душ
ντους
дарпарда
κουρτίνα ντουζ
кўпикли ванна
αφρόλουτρο
ванна
μπανιέρα
стакан
ποτήρι
кир ювиш машинаси
πλυντήριο ρούχων
кран
βρύση
кафель
πλακάκια
тувак
γιογιό
унитаз
νεροχύτης

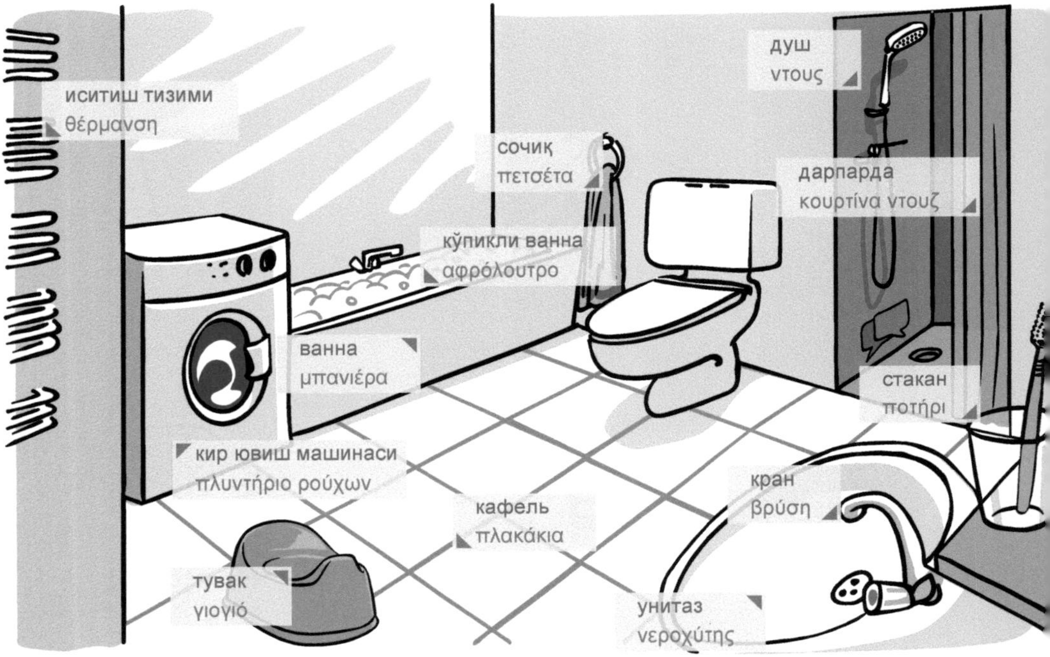

ҳожатхона

τουαλέτα

полга ўрнатиладиган унитаз

τούρκικη τουαλέτα

таҳоратдон

μπιντές

сийдик унитази

ουρητήριο

ҳожатхона қоғози

χαρτί υγείας

ҳожатхона чўткаси

πιγκάλ

38 ваннахона - μπάνιο

тиш чўтка

οδοντόβουρτσα

тиш пастаси

οδοντόκρεμα

тиш тозалагич ип

οδοντικό νήμα

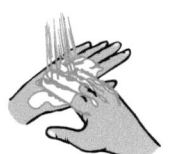

ювмоқ

πλένω

дастакли душ

τηλέφωνο ντους

таҳорат учун душ

ντουσιέρα

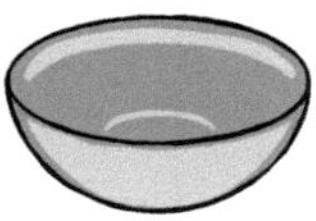

тоғора

λεκάνη

елка қашлайдиган чўтка

βούρτσα πλάτης

совун

σαπούνι

душ учун гель

αφρόλουτρο

шампунь

σαμπουάν

мочалка

φανέλα

қувур

σιφόνι

крем

κρέμα

дезодарант

αποσμητικό

кўзгу

καθρέφτης

қўл кўзгуси

καθρέφτης χειρός

устара

ξυραφάκι

устара учун кўпик

αφρός ξυρίσματος

салқинлантирувчи бальзам

αφτερσέιβ

тароқ

χτένα

чўтка

βούρτσα

фен

σεσουάρ

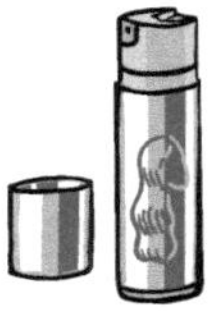

соч учун лак

λακ

пардоз-андоз

μακιγιάζ

лаб учун помада

κραγιόν

тирноқ лаки

βερνίκι νυχιών

пахта

βαμβάκι

тирноқ қайчиси

ψαλίδι νυχιών

духи

άρωμα

пардоз-андоз халтаси

νεσεσέρ

курси

σκαμπό

тарози

ζυγαριά

чўмилиш халати

μπουρνούζι

резина қўлқоп

ελαστικά γάντια

тампон

ταμπόν

гигиеник таглик

πετσέτα υγιεινής

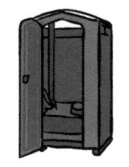

биоҳожатхона

χημική τουαλέτα

болалар хонаси

παιδικό δωμάτιο

бонг соат
ξυπνητήρι
юмшоқ ўйинчоқ
λούτρινο ζωάκι
ўйинчоқ машина
αυτοκινητάκι
шақилдоқ
κουδουνίστρα
қўғирчоқ уй
κουκλόσπιτο
совға
δώρο

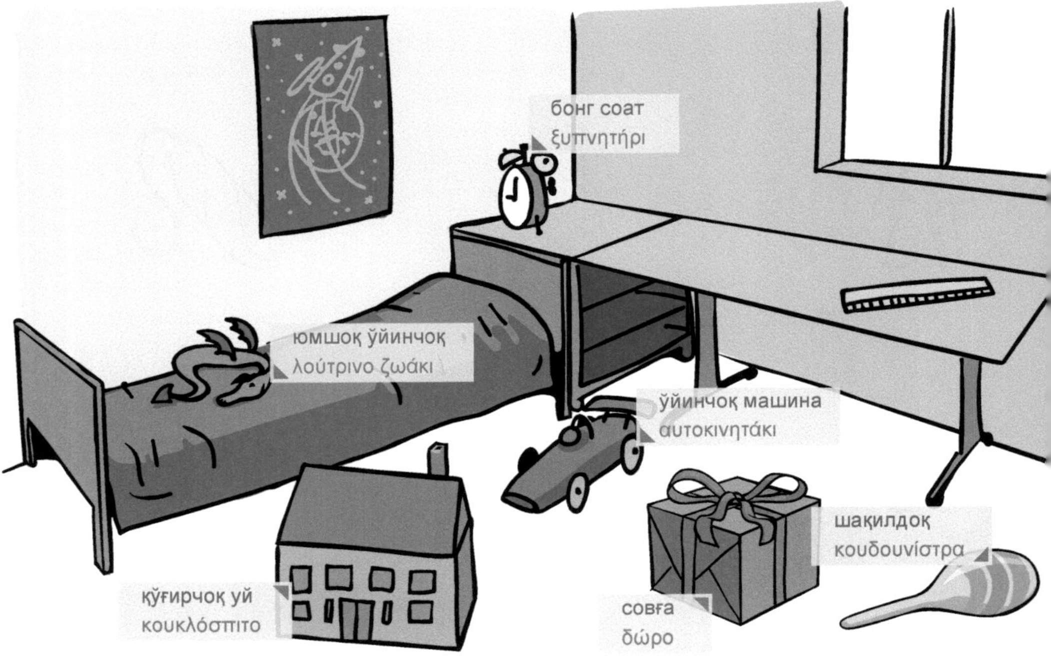

шар

μπαλόνι

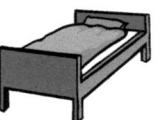

кроват

κρεβάτι

болалар аравачаси

καροτσάκι

карта тўплами

τράπουλα

терма тасвир

παζλ

кулгили саҳна асари

κόμικς

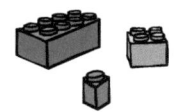

лего ғиштлари

τουβλάκια lego

ўйинчоқ кубиклар

τουβλάκια κατασκευών

ўйинчоқ қаҳрамон

φιγούρα δράσης

ползунка

βρεφικό φορμάκι

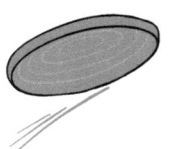

учар ликопча

φρίσμπι

осма шақилдоқ

μόμπιλο

стол ўйини

επιτραπέζιο παιχνίδι

ошиқ

ζάρια

поезд макети

σετ τρενάκι

сўрғич

πιπίλα

ўтириш

πάρτι

расмли китоб

εικονογραφημένο βιβλίο

копток

μπάλα

қўғирчоқ

κούκλα

ўйнамоқ

παίζω

қумдон
σκάμμα με άμμο

арғимчоқ
κούνια

ўйинчоқлар
παιχνίδια

ўйин приставкаси
κονσόλα βιντεοπαιχνιδιών

уч ғилдиракли велосипед
τρίκυκλο

бахмал айиқ
αρκουδάκι

кийим шкафи
ντουλάπα

кийим
ρούχα

пайпоқ
κάλτσες

чулки
καλτσοδέτες

колготка
καλσόν

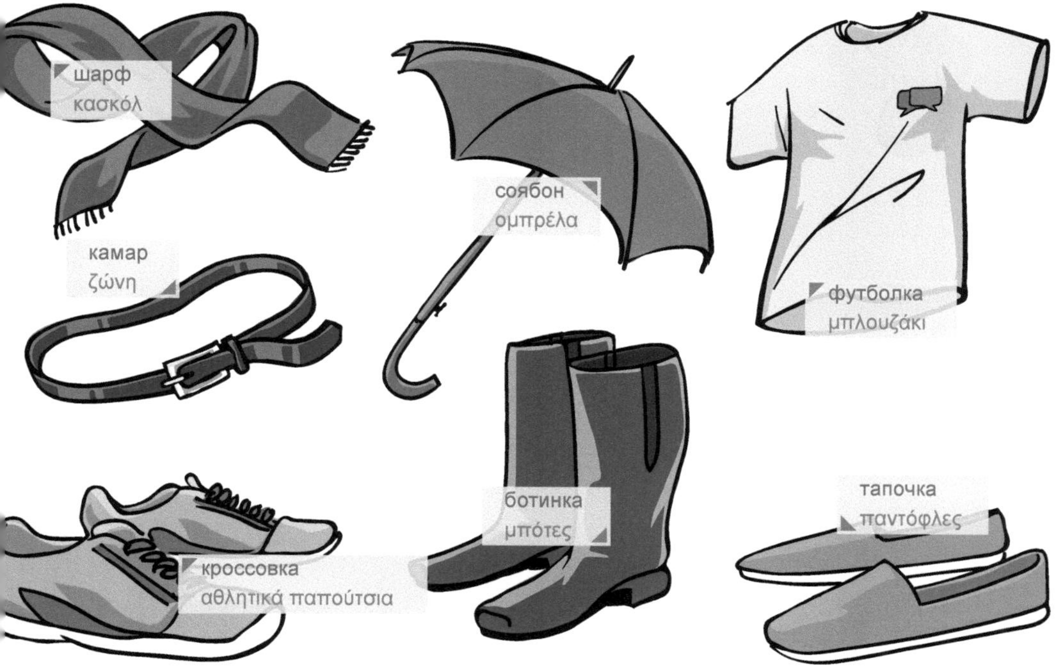

шарф
κασκόλ
камар
ζώνη
соябон
ομπρέλα
футболка
μπλουζάκι
кроссовка
αθλητικά παπούτσια
ботинка
μπότες
тапочка
παντόφλες

шиппак

σανδάλια

туфли

παπούτσια

резина этик

γαλότσες

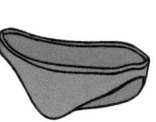

тор турсик

εσώρουχο

кўкракпеч

σουτιέν

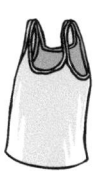

майка

φανέλα

боди

σώμα

иштон

παντελόνι

жинси

τζιν παντελόνι

юбка

φούστα

кофта

μπλούζα

кўйлак

πουκάμισο

жемпер

πουλόβερ

узун чакмон

πουλόβερ

спорт бичимидаги пиджак

σακάκι

куртка

μπουφάν

пальто

παλτό

плаш

αδιάβροχο πανωφόρι

либос

κοστούμι

кўйлак

φόρεμα

келин кўйлак

νυφικό

костюм шим

κοστούμι

тунги кўйлак

νυχτικό

пижама

πιτζάμες

сари

σάρι

шолрўмол

μαντήλι

салла

τουρμπάνι

паранжи

μπούρκα

чакмон

καφτάνι

абая

μουσουλμανικό ένδυμα

чўмилиш костюми

ολόσωμο μαγιό

турсик

ανδρικό μαγιό

шортик

σορτς

спорт костюми

αθλητική φόρμα

фартук

ποδιά

қўлқоп

γάντια

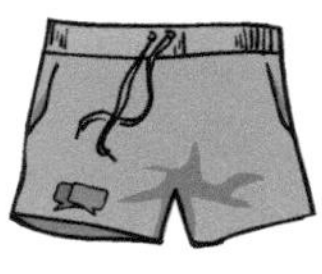

тугма

κουμπί

кўзойнак

γυαλιά

билагузук

βραχιόλι

мунчоқ

περιδέραιο

узук

δαχτυλίδι

сирға

σκουλαρίκι

кепка

καπέλο

пальто илгак

κρεμάστρα

шляпа

καπέλο

бўйинбоғ

γραβάτα

замок

φερμουάρ

дубулға

κράνος

шим тортгич

τιράντες

мактаб формаси

μαθητική στολή

форма

στολή

ошхўрак

σαλιάρα

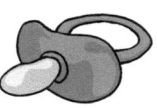

сўрғич

πιπίλα

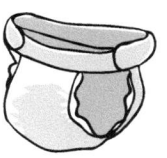

таглик

πάνα

идора
γραφείο

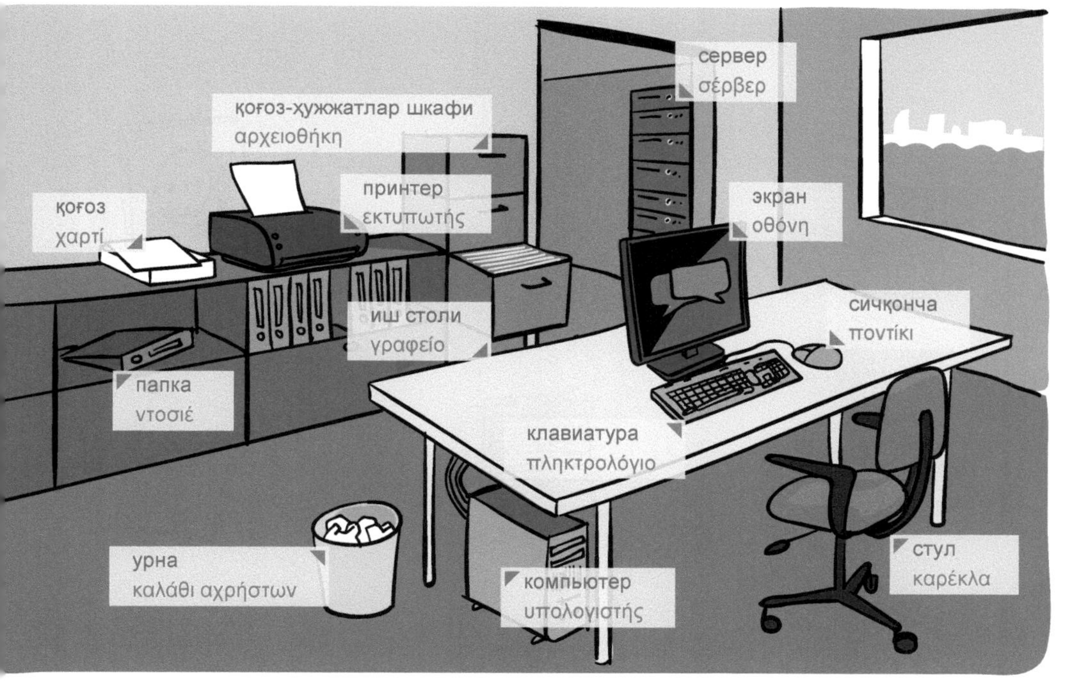

сервер
σέρβερ
қоғоз-ҳужжатлар шкафи
αρχειοθήκη
принтер
εκτυπωτής
қоғоз
χαρτί
экран
οθόνη
иш столи
γραφείο
сичқонча
ποντίκι
папка
ντοσιέ
клавиатура
πληκτρολόγιο
урна
καλάθι αχρήστων
компьютер
υπολογιστής
стул
καρέκλα

кофе кружкаси

κούπα του καφέ

калькулятор

κομπιουτεράκι

интернет

ίντερνετ

ноутбук

λάπτοπ

хат

γράμμα

мактуб

μήνυμα

уяли телефон

κινητό

тармоқ

δίκτυο

нусха кўчиргич

φωτοτυπικό μηχάνημα

дастур

λογισμικό

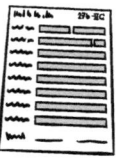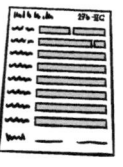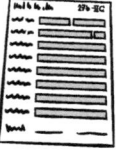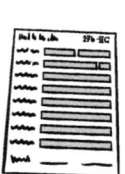

телефон

τηλέφωνο

розетка

πρίζα

факс

συσκευή φαξ

шакллар

έντυπο

ҳужжат

έγγραφο

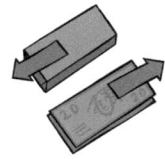

харид қилмоқ

αγοράζω

тўламоқ

πληρώνω

савдолашмоқ

συναλλάσσομαι

пул

χρήματα

доллар

δολάριο

евро

ευρώ

йен

γιεν

рубль

ρούβλι

швейцар франки

ελβετικό φράγκο

Жэньминьби хитой юани

ρενμίνμπι γιουάν

рупи

ρουπία

банкомат

ATM (αυτόματη ταμειακή μηχανή)

пул айирбошлаш шахобчаси

ανταλλακτήρια συναλλάγματος

олтин

χρυσός

кумуш

ασήμι

нефт

πετρέλαιο

энергия

ενέργεια

нарх

τιμή

шартнома

συμβόλαιο

солиқ

φόρος

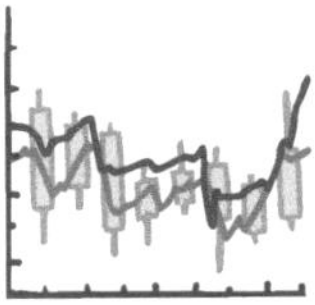

акция

μετοχή

ишламоқ

δουλεύω

ишчи

υπάλληλος

иш берувчи

εργοδότης

завод

εργοστάσιο

дўкон

κατάστημα

иқтисод - οικονομία

касблар
επαγγέλματα

полициячи
αστυνόμος
ўт ўчирувчи
πυροσβέστης
ошпаз
μάγειρας
шифокор
γιατρός
учувчи
πιλότος

боғбон

κηπουρός

дурадгор

ξυλουργός

тикувчи

μοδίστρα

ҳакам

δικαστής

кимёгар

χημικός

актёр

ηθοποιός

автобус ҳайдовчиси

οδηγός λεωφορείου

такси ҳайдовчи

ταξιτζής

баликчи

ψαράς

фаррош

καθαρίστρια

том устаси

τεχνίτης στεγών

официант

σερβιτόρος

овчи

κυνηγός

бўёқчи

ζωγράφος

нонвой

αρτοποιός

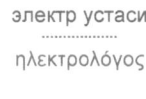

электр устаси

ηλεκτρολόγος

қурувчи

οικοδόμος

муҳандис

μηχανολόγος

қассоб

κρεοπώλης

сувчи чилангар

υδραυλικός

почтачи

ταχυδρόμος

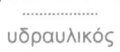

аскар

στρατιώτης

меъмор

αρχιτέκτονας

ғазначи

ταμίας

гулчи

ανθοπώλης

сарторош

κομμωτής

чиптачи

ελεγκτής εισιτηρίων

механик

μηχανικός

капитан

καπετάνιος

тиш шифокори

οδοντίατρος

олим

επιστήμονας

яхудийлар руҳонийси

ραβίνος

имом

ιμάμης

роҳиб

μοναχός

руҳоний

ιερέας

асбоблар
εργαλεία

омбир
πένσα
болға
σφυρί
отвертка
κατσαβίδι
чўнтак чироғи
φακός
гайка очгич
Γαλλικό κλειδί

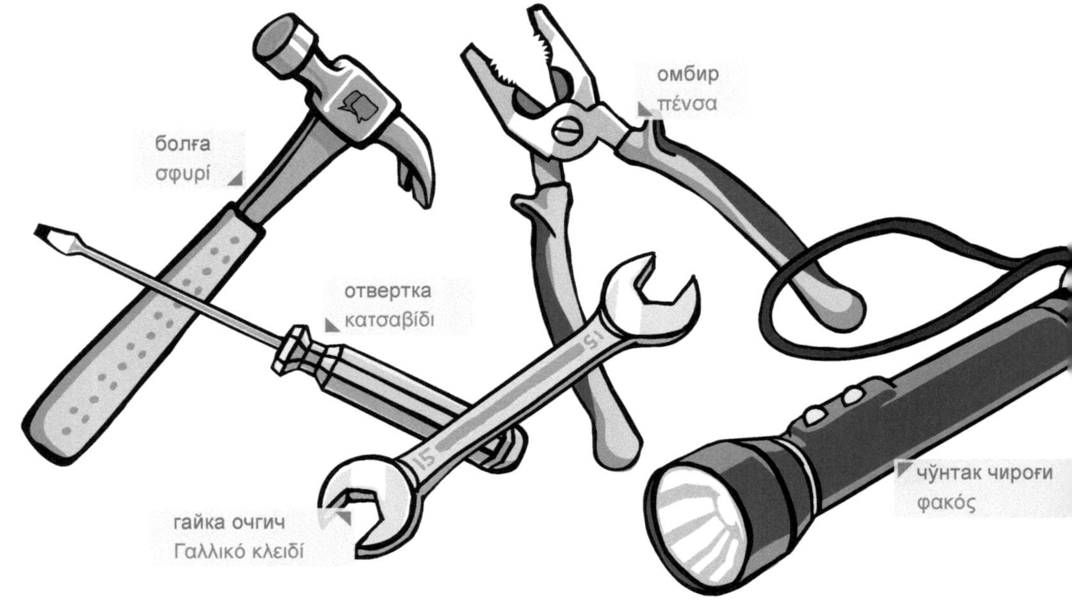

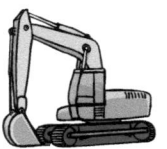

экскаватор

εκσκαφέας

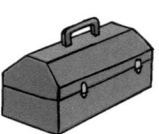

асбоблар қутиси

εργαλειοθήκη

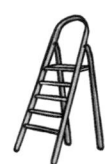

нарвон

σκάλα

кўларра

πριόνι

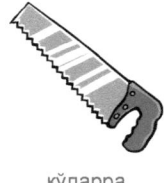

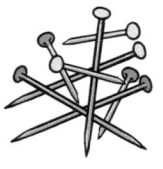

мих

καρφιά

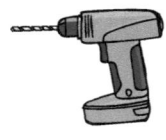

пармадаста

τρυπάνι

тузатмоқ

επισκευάζω

белкурак

φτυάρι

Жин урсин!

Να πάρει!

хокандоз

φαράσι

бўёқ идиш

δοχείο χρωμάτων

бурама мих

βίδες

мусиқа асбоблари
μουσικά όργανα

радиокарнай
μεγάφωνο

уриб чалинадиган мусиқа асбоблари
ντραμς

гитара
κιθάρα

контрабас
κοντραμπάσο

сурнай
τρομπέτα

пианино

πιάνο

ғижжак

βιολί

бас-гитара

μπάσο

қўшноғора

τύμπανα

дўмбира

τύμπανο

клавиатура

πλήκτρα

саксофон

σαξόφωνο

най

φλάουτο

микрофон

μικρόφωνο

ҳайвонот боғи
ζωολογικός κήπος

арслон
τίγρης
кириш
είσοδος
қафас
κλουβί
зебра
ζέβρα
ем
ζωοτροφή
панда
πάντα

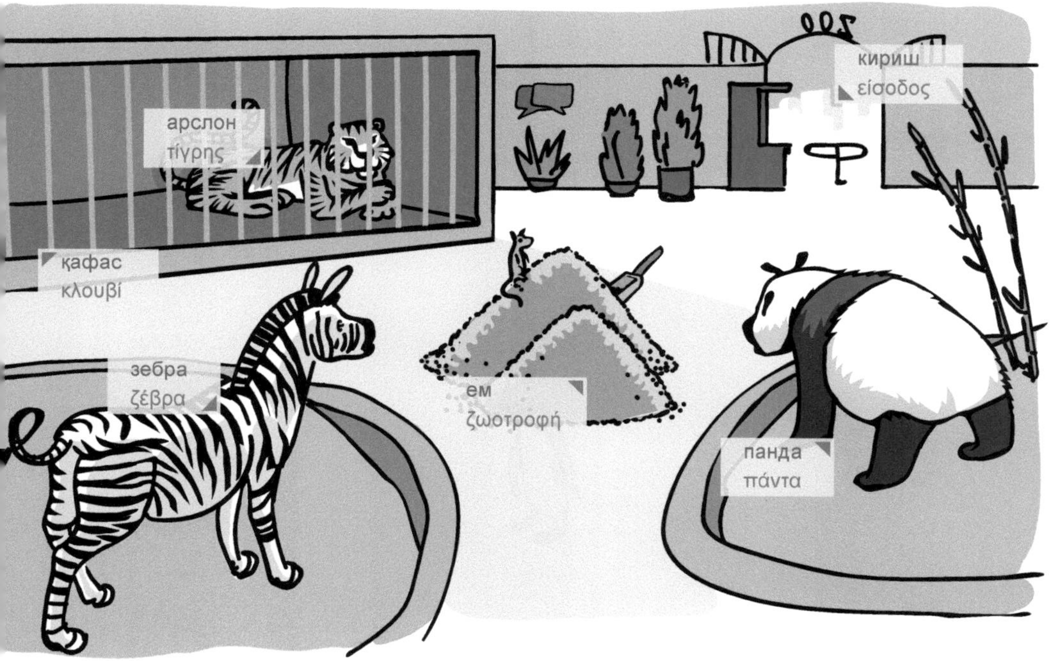

ҳайвонлар
ζώα

фил
ελέφαντας

кенгуру
καγκουρό

каркидон
ρινόκερος

горилла
γορίλας

айиқ
αρκούδα

туя

καμήλα

туяқуш

στρουθοκάμηλος

шер

λιοντάρι

маймун

πίθηκος

фламинго

φλαμίνγκο

тўти

παπαγάλος

оқ айиқ

πολική αρκούδα

пингвин

πιγκουίνος

акула

καρχαρίας

товус

παγώνι

илон

φίδι

тимсоҳ

κροκόδειλος

ҳайвонот боғи қоровули

φύλακας ζωολογικού κήπου

тюлень

φώκια

ягуар

τζάγκουαρ

тўпичоқ от

πόνυ

қоплон

λεοπάρδαλη

бегемот

ιπποπόταμος

жирафа

καμηλοπάρδαλη

бургут

αετός

эркак чўчқа

αγριογούρουνο

балиқ

ψάρι

тошбақа

χελώνα

морж

θαλάσσιος ίππος

тулки

αλεπού

оҳу

γαζέλα

спорт ўйинлари

αθλήματα

америка футболи
Αμερικάνικο ποδόσφαιρο
велосипед ҳайдаш
ποδηλασία
теннис
αντισφαίριση
баскетбол
μπάσκετ
сузиш
κολύμβηση
муз хоккейи
χόκεϋ επί πάγου
бокс

футбол

ποδόσφαιρο

бадминтон

μπάντμιντον

енгил атлетика

στίβος

қўлтўпи

χάντμπολ

чанғи учиш

σκι

поло

πόλο

машғулот

δραστηριότητες

сакрамоқ
πηδάω
қучмоқ
αγκαλιάζω
кулмоқ
γελάω
юрмоқ
περπατάω
куйламоқ
τραγουδάω
хаёл қилмоқ
ονειρεύομαι
ибодат қилмоқ
προσεύχομαι
ўпмоқ
φιλάω

ёзмоқ

γράφω

чизмоқ

σχεδιάζω

кўрсатмоқ

δείχνω

итармоқ

πιέζω

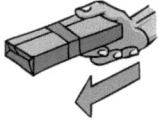

бермоқ

δίνω

олмоқ

παίρνω

эга бўлмоқ

έχω

бажармоқ

κάνω

бўлмоқ

είμαι

турмоқ

στέκομαι

югурмоқ

τρέχω

тортмоқ

τραβάω

улоқтирмоқ

ρίχνω

йиқилмоқ

πέφτω

алдамоқ

ξαπλώνω

кутмоқ

περιμένω

ташимоқ

κουβαλώ

ўтирмоқ

κάθομαι

кийинмоқ

φοράω

ухламоқ

κοιμάμαι

уйғонмоқ

ξυπνάω

қарамоқ

κοιτάω

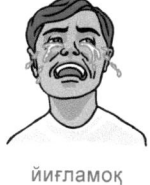

йиғламоқ

κλαίω

зарба бермоқ

χαϊδεύω

тарамоқ

χτενίζω

гаплашмоқ

μιλάω

тушунмоқ

καταλαβαίνω

сўрамоқ

ρωτάω

тингламоқ

ακούω

ичмоқ

πίνω

емоқ

τρώω

йиғиштирмоқ

συγυρίζω

севмоқ

αγαπάω

пиширмоқ

μαγειρεύω

ҳайдамоқ

οδηγώ

учмоқ

πετάω

кемада сузмоқ

κάνω ιστιοπλοΐα

ҳисобламоқ

υπολογίζω

ўқимоқ

διαβάζω

ўрганмоқ

μαθαίνω

ишламоқ

δουλεύω

турмуш қурмоқ

παντρεύομαι

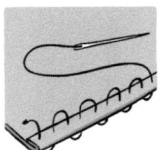

тикмоқ

ράβω

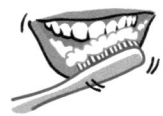

тиш ювмоқ

βουρτσίζω τα δόντια

ўлдирмоқ

σκοτώνω

чекмоқ

καπνίζω

йўлламоқ

στέλνω

оила

οικογένεια

буви
γιαγιά
бува
παππούς
ота
πατέρας
она
μητέρα
чақалоқ
μωρό
қиз
κόρη
ўғил
γιος

мехмон
καλεσμένος

амма
θεία

тоға
θείος

ака
αδελφός

опа
αδελφή

тана

σώμα

пешона
μέτωπο
кўз
μάτι
елка
ώμος
бармоқ
δάχτυλο
юз
πρόσωπο
ияк
πιγούνι
кўл панжалари
χέρι
оёқ
πόδι
кўкрак
στήθος
βραχίονας

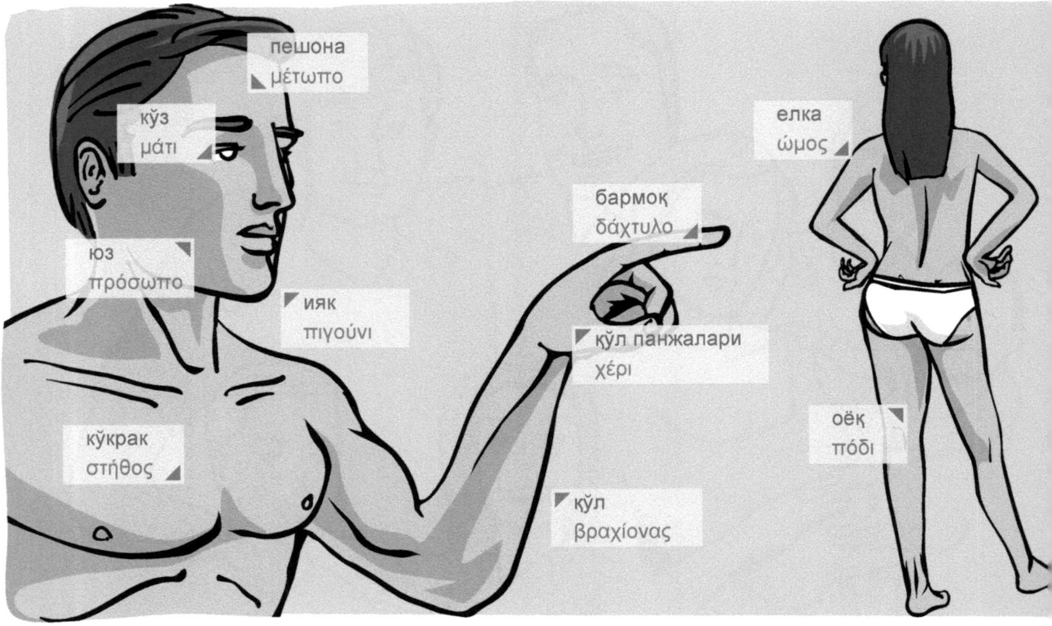

чақалоқ

μωρό

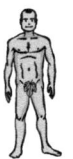

одам

άνδρας

аёл

γυναίκα

қиз бола

κορίτσι

ўғил бола

αγόρι

бош

κεφάλι

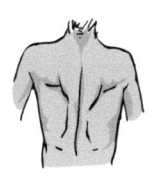

орқа

πλάτη

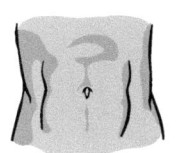

қорин

κοιλιά

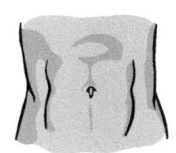

киндик

αφαλός

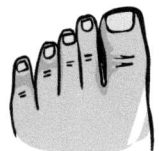

оёқ панжаси

δάχτυλο ποδιού

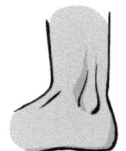

товон

φτέρνα

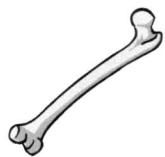

суяк

κόκκαλο

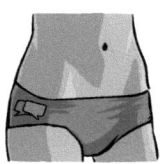

бел

γοφός

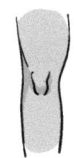

тизза

γόνατο

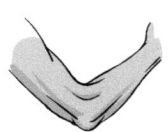

тирсак

αγκώνας

бурун

μύτη

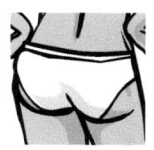

думба

γλουτός

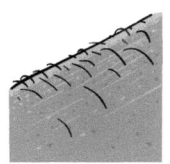

тери

δέρμα

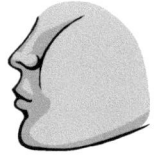

янок

μάγουλο

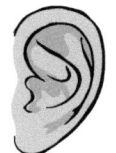

қулоқ

αυτί

лаб

χείλος

оғиз

στόμα

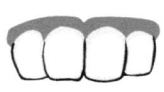

тиш

δόντι

тил

γλώσσα

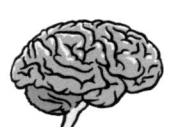

мия

εγκέφαλος

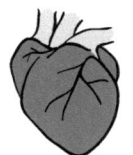

юрак

καρδιά

мушак

μυς

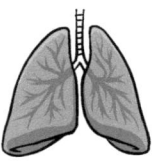

ўпка

πνεύμονας

жигар

συκώτι

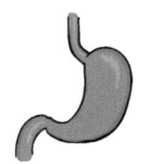

ошқозон

στομάχι

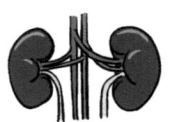

буйрак

νεφρά

жинсий алоқа

σεξουαλική επαφή

презерватив

προφυλακτικό

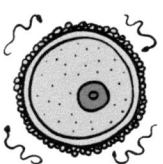

тухум ҳўжайра

ωάριο

уруғ

σπέρμα

ҳомиладорлик

εγκυμοσύνη

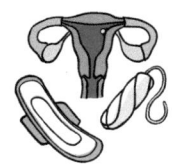

ҳайз

περίοδος

бачадон

γυναικείος κόλπος

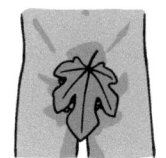

олат

πέος

қош

φρύδι

соч

μαλλιά

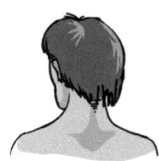

бўйин

λαιμός

шифохона
νοσοκομείο

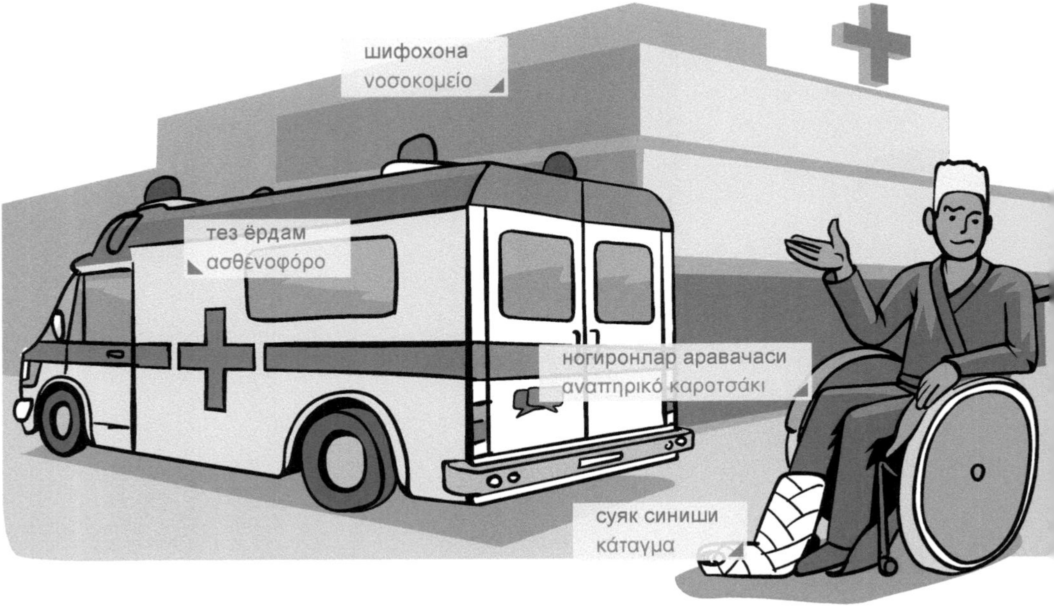

шифохона
νοσοκομείο
тез ёрдам
ασθενοφόρο
ногиронлар аравачаси
αναπηρικό καροτσάκι
суяк синиши
κάταγμα

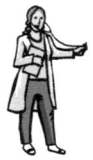

шифокор

γιατρός

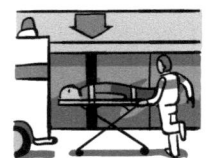

Шошилинч тиббий ёрдам кўрсатиш бўлими

μονάδα εντατικής θεραπείας

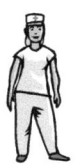

ҳамшира

νοσοκόμα

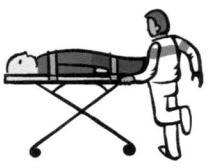

тез ёрдам

έκτακτη ανάγκη

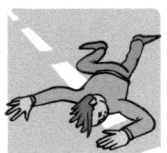

ҳушсизлик

λιπόθυμος

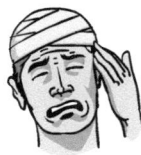

оғриқ

πόνος

жароҳат

траύμα

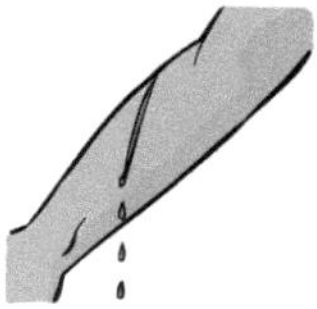

қонаш

αιμορραγία

юрак хуружи

έμφραγμα

инсульт

εγκεφαλικό

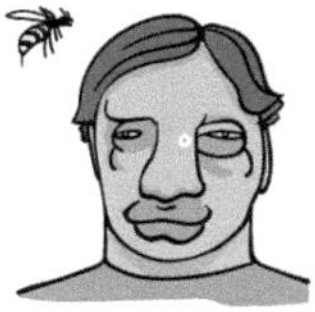

аллергия

αλλεργία

йўтал

βήχας

иситма

πυρετός

тумов

γρίπη

ич кетиш

διάρροια

бош оғриғи

πονοκέφαλος

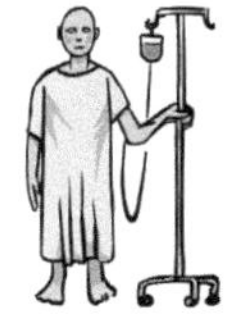

саратон касали

καρκίνος

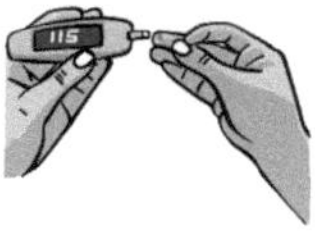

қандли диабет

διαβήτης

жарроҳ

χειρουργός

жарроҳ пичоғи

νυστέρι

жарроҳлик амалиёти

εγχείρηση

томография

αξονική τομογραφία

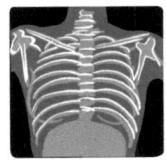

рентген

ακτινογραφία

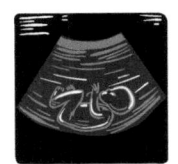

ултратовуш текшируви

υπέρηχος

юз ниқоби

μάσκα

касаллик

ασθένεια

қабулхона

αίθουσα αναμονής

қўлтиқтаёқ

πατερίτσα

малҳамли пластир

χάνσαπλαστ

бинт

επίδεσμος

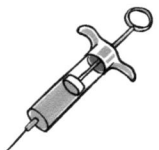

укол

ένεση

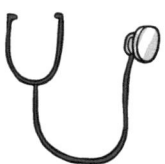

юрак урушини ва ўпкани эшитиб кўрадиган асбоб

στηθοσκόπιο

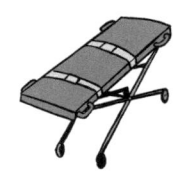

беморлар учун замбил

φορείο

термометр

θερμόμετρο

туғруқ

γέννηση

семизлик

υπέρβαρο

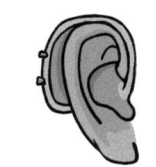

эшитиш мосламаси

ακουστικό βαρηκοΐας

дезинфекцияловчи восита

αντισηπτικό

инфекция

λοίμωξη

вирус

ιός

ОИВ / ОИТС

HIV/AIDS

дори

φάρμακο

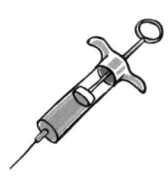

эмлаш

εμβολιασμός

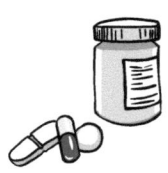

таблетка

δισκία

дори

χάπι

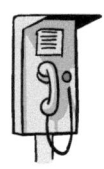

тез ёрдам қўнғироғи

κλήση έκτακτης ανάγκης

қон босимини ўлчаш асбоби

πιεσόμετρο αίματος

касал / соғлом

άρρωστος / υγιής

тез ёрдам
έκτακτη ανάγκη

Ёрдам беринглар!

Βοήθεια!

хавф-хатар ишораси

συναγερμός

тажовуз

βιαιοπραγία

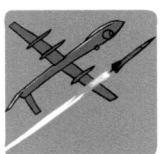

ҳужум

επίθεση

хавф

κίνδυνος

фавқулодда ҳолатларда чиқиш эшиги

έξοδος κινδύνου

Ёнғин!

Φωτιά!

ўт ўчиргич

πυροσβεστήρας

фалокат

ατύχημα

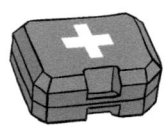

биринчи тиббий ёрдам тўплами

κουτί πρώτων βοηθειών

фалокат сигнали

SOS

полиция

αστυνομία

Европа

Ευρώπη

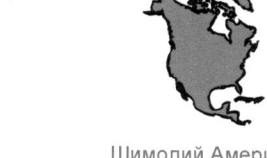

Шимолий Америка

Βόρεια Αμερική

Жанубий Америка

Νότια Αμερική

Африка

Αφρική

Осиё

Ασία

Австралия

Αυστραλία

Атлантик океани

Ατλαντικός Ωκεανός

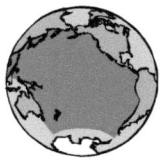

Тинч океани

Ειρηνικός Ωκεανός

Ҳинд океани

Ινδικός Ωκεανός

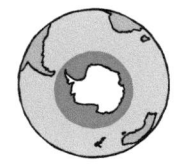

Антарктида океани

Ανταρκτικός Ωκεανός

Арктика океани

Αρκτικός Ωκεανός

Шимолий қутб

Βόρειος Πόλος

Жанубий қутб

Νότιος Πόλος

Антарктика

Ανταρκτική

Ер

Γη

ўлка

γη

денгиз

θάλασσα

орол

νησί

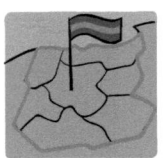

миллат

έθνος

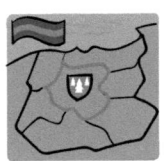

давлат

πολιτεία

соат
ρολόι

астрономик вақт кўрсатгичи

καντράν ρολογιού

соат мили

ωροδείκτης

дақиқа мили

λεπτοδείκτης

сония мили

δείκτης δευτερολέπτων

Соат неча?

Τι ώρα είναι;

кун

ημέρα

вақт

χρόνος

ҳозир

τώρα

рақамли соат

ψηφιακό ρολόι

дақиқа

λεπτό

соат

ώρα

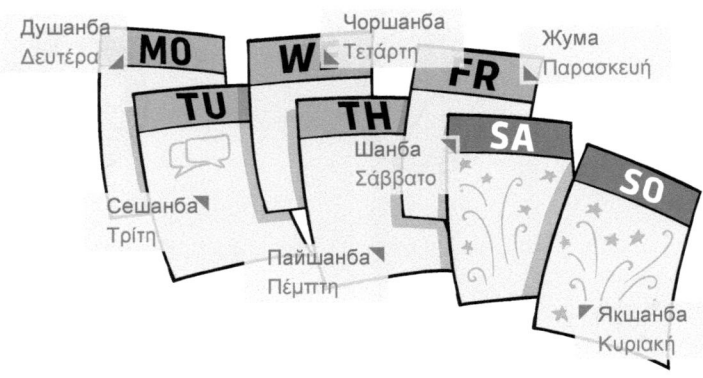

хафта
εβδομάδα

Душанба
Δευτέρα
MO
Сешанба
Τρίτη
TU
Чоршанба
Τετάρτη
W
Пайшанба
Πέμπτη
TH
Жума
Παρασκευή
FR
Шанба
Σάββατο
SA
Якшанба
Κυριακή
SO

кеча
χθες

бугун
σήμερα

эртага
αύριο

эрталаб
πρωί

пешин
μεσημέρι

кечқурун
βράδυ

иш кунлари
εργάσιμες ημέρες

дам олиш кунлари
Σαββατοκύριακο

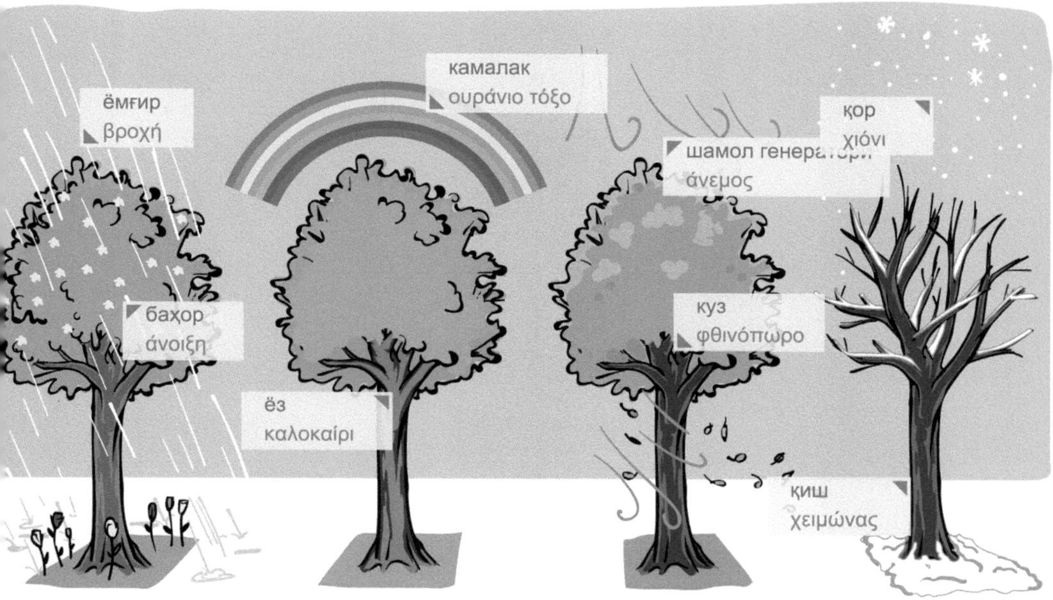

ёмғир
βροχή
камалак
ουράνιο τόξο
қор
χιόνι
шамол генера
άνεμος
баҳор
άνοιξη
куз
φθινόπωρο
ёз
καλοκαίρι
қиш
χειμώνας

об-ҳаво маълумоти

πρόγνωση καιρού

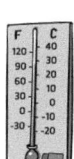

термометр

θερμόμετρο

қуёшли

λιακάδα

булут

σύννεφο

туман

ομίχλη

намгарчилик

υγρασία

чақмоқ

αστραπή

момоқалдироқ

κεραυνός

бўрон

καταιγίδα

дўл

χαλάζι

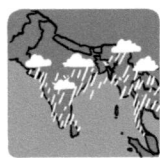

намгарчилик мавсуми

μουσώνας

тошқин

πλημμύρα

муз

πάγος

Январь

Ιανουάριος

Февраль

Φεβρουάριος

Март

Μάρτιος

Апрель

Απρίλιος

Май

Μάιος

Июнь

Ιούνιος

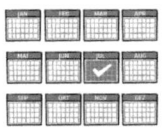

Июль

Ιούλιος

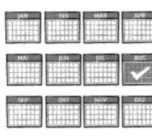

Август

Αύγουστος

йил - έτος

Сентябрь

Σεπτέμβριος

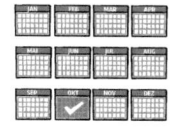

Октябрь

Οκτώβριος

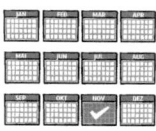

Ноябрь

Νοέμβριος

Декабрь

Δεκέμβριος

шакллар
σχήματα

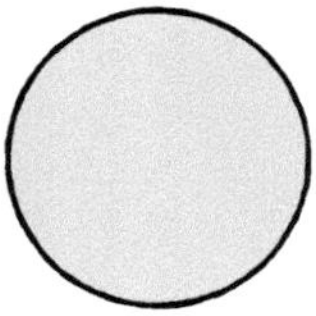

айлана

κύκλος

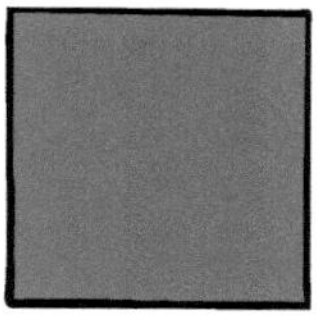

квадрат

τετράγωνο

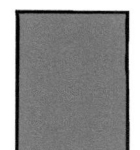

тўртбурчак

ορθογώνιο
παραλληλόγραμμο

учбурчак

τρίγωνο

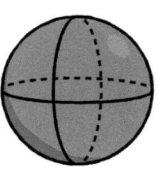

доира

σφαίρα

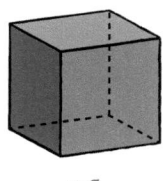

куб

κύβος

ранглар
χρώματα

оқ

άσπρο

сариқ

κίτρινο

сабзи ранг

πορτοκαλί

пушти

ροζ

қизил

κόκκινο

тўқ қизил

μωβ

кўк

μπλε

яшил

πράσινο

жигар ранг

καφέ

кул ранг

γκρι

қора

μαύρο

кўп / оз

πολύ / λίγο

ғазабли / хотиржам

θυμωμένος / ήρεμος

гўзал / хунук

όμορφος / άσχημος

боши / охири

αρχή / τέλος

катта / кичик

μεγάλος / μικρός

ёруғ / қоронғу

φωτεινός / σκοτεινός

ака / сингил

αδελφός / αδελφή

тоза / ифлос

καθαρός / λερωμένος

тўлиқ / чала

πλήρης / ατελής

кун / тун

ημέρα / νύχτα

ўлик / тирик

νεκρός / ζωντανός

кенг / тор

φαρδύς / στενός

еса бўладиган / еса бўлмайдиган

βρώσιμος / μη βρώσιμος

ёвуз / хайрли

κακός / ευγενικός

ҳаяжонли / зерикарли

ενθουσιασμένος / βαριεστημένος

семиз / озғин

παχύς / λεπτός

биринчи / охирги

πρώτος / τελευταίος

дўст / душман

φίλος / εχθρός

тўла / бўш

γεμάτος / άδειος

қаттиқ / юмшоқ

σκληρός / μαλακός

оғир / енгил

βαρύς / ελαφρύς

очлик / чанқов

πείνα / δίψα

касал / соғлом

άρρωστος / υγιής

ноқонуний / қонуний

παράνομος / νόμιμος

зиёли / калтафаҳм

έξυπνος / χαζός

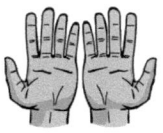

чап / ўнг

αριστερός / δεξιός

яқин / узоқ

κοντινός / μακρινός

янги / ишлатилган

καινούριος /
μεταχειρισμένος

ҳеч нарса / бир нарса

τίποτα / κάτι

қари / ёш

γέρος | νέος

ёниқ / ўчиқ

αναμμένος / σβηστός

очиқ / ёпиқ

ανοιχτός / κλειστός

паст / баланд

χαμηλόφωνος /
μεγαλόφωνος

бой / камбағал

πλούσιος / φτωχός

тўғри / нотўғри

σωστός / λανθασμένος

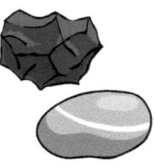

нотекис / текис

τραχύς / λείος

хафа / хурсанд

λυπημένος / χαρούμενος

қисқа / узун

κοντός / μακρύς

секин / тез

αργός / γρήγορος

нам / қуруқ

υγρός / στεγνός

илиқ / салқин

ζεστός / δροσερός

уруш / тинчлик

πόλεμος / ειρήνη

ракамлар
αριθμοί

0

ноль

μηδέν

1

бир

ένα

2

икки

δύο

3

уч

τρία

4

тўрт

τέσσερα

5

беш

πέντε

6

олти

έξι

7

етти

εφτά

8

саккиз

οκτώ

9

тўккиз

εννιά

10

ўн

δέκα

11

ўн бир

έντεκα

12

ўн икки

δώδεκα

13

ўн уч

δεκατρία

14

ўн тўрт

δεκατέσσερα

15

ўн беш

δεκαπέντε

16

ўн олти

δεκαέξι

17

ўн етти

δεκαεφτά

18

ўн саккиз

δεκαοκτώ

19

ўн тўққиз

δεκαεννέα

20

йигирма

είκοσι

100

юз

εκατό

1.000

минг

χίλια

1.000.000

миллион

εκατομμύριο

тиллар
γλώσσες

Инглиз

Αγγλικά

Американча инглиз тили

Αμερικάνικα Αγγλικά

Хитой тилининг Мандарин лаҳчаси

Μανδαρίνικα Κινέζικα

Ҳинд

Χίντι

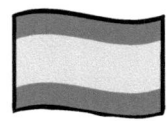

Испан

Ισπανικά

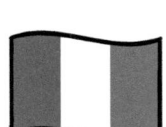

Француз

Γαλλικά

Араб

Αραβικά

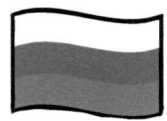

Рус

Ρώσικα

Португал

Πορτογαλικά

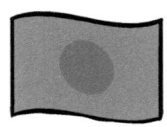

Бенгал

Μπενγκάλι

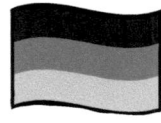

Немис

Γερμανικά

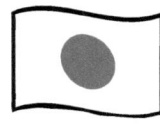

Япон

Ιαπωνικά

ким / нима / қандай
ποιος / τι / πως

Мен

εγώ

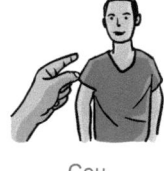

Сен

εσύ

у / у / у

αυτός / αυτή / αυτό

биз

εμείς

сизлар

εσείς

улар

αυτοί / αυτές / αυτά

ким?

ποιος / ποια / ποιο;

нима?

τι;

қандай?

πώς;

қаерда?

πού;

қачон?

πότε;

исм

όνομα

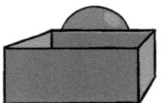

қаерда

που

орқада

πίσω

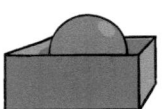

ичида

μέσα

олдида

μπροστά

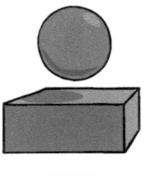

узра

πάνω από

устида

πάνω

тагида

κάτω

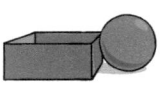

ёнида

δίπλα

ўртасида

ανάμεσα

жой

μέρος